RUNO
KOKO
ELÄMÄ

MAIJU PALIN

RUNO KOKO ELÄMÄ

Kustantaja: BoD – Books on Demand, Helsinki, Suomi
Valmistaja: BoD – Books on Demand, Norderstedt, Saksa

Kansi ja taitto: Pauliina Sirkeinen

ISBN: 978-952-80-7252-2

SISÄLLYS

mahdollisuus   uusi alku   ilo

kirkkaus   virtaus   silmut   kylvö

vihreys   sulaminen   kuhina

uusiutuminen   orastus   tuoreus

kasvu   sarastus   herääminen

sysäys   pesintä   havahtuminen

avautuminen   valo   virtaavuus

muodonmuutos   toivo   nuppu

raikkaus   pehmeys   muutos

pirskahtelu   puro   pajunkissat

solina   rakkaus   kauneus

lintujen laulu   keltainen   hentous

syntymä   keveys   energia

inspiraatio   paluulinnut   vapaus

SYNTYMÄN TESTAMENTTI

Kun minä tulin tähän maailmaan
mustat linnut sukivat sulkiaan,
siipiensä ali kuiskivat toistensa korvaan.
Tahtoivat kokeilla ja nähdä kuinka alas saa painaa,
jotta ihminen näkee maan päältä manalaan.

Valkoisten lintujen ei annettu kuulla asiaa, vaan sitä pidettiin
salassa niin kauan, että ihminen oppisi tanssimaan.

Tahtia annettiin,
mutta soitettiin liian hiljaa.
Kukaan ei opettanut askelia.
Tanssin väärällä jalalla.

Riikinkukon tavattuani vihdoin sen ymmärsin.
Minun on poimittava itse omat sointuni
seasta elämän musiikin.
Lintu siihen vielä lisäsi:
"Värit on luotu tämän maailman kauneuden koristeeksi."

Riikinkukko irrotti itseltään sulan siitä minulle muistoksi.
Kiinnitin sen hiuksiini,
etten koskaan unohtaisi.

On aika nauttia,
juoda elämän eliksiiri.
Nautinnosta tehdä koti
ja tanssia todeksi
korvia hivelevän kaunis musiikki.

Tuskien tien peitimme kullalla.
Viimeiset kulkijat tiellä kulkivat hautajaissaattueena.

Jumalan laitoimme hopeoituun arkkuun.
Siinä hän makaa
kaikessa loistossaan
aivan hiljaa
tietenkin vain esittäen kuollutta.

I hminen ponnistaessaan
syvänmerenpohjasta,
jaloissaan monta kiloa painoa
haukkaamaan happea
auringonsäteistä veden pinnalta,
omaa sankaruutta
joka tulee sisäisestä vahvuudesta.
Siihen ei tarvita ylisanoja
kun tietää elävänsä.
Hengitys puhuu puolestaan.

KEVÄTMAA

Kasvatan ruiskaunokkeja ja orvokkeja
– toisia tuulelle ja toisia maalle.
Minä kasvatan kukkia ohimoille ja pellonpientareille
– toisia sieluni ravinnoksi ja toisia silmille kauneudeksi.
Kasvatan suurempia, vahvempia sulkia siipiini
nähdäkseni kasvualustat korkeammalta.
Ja kun kevät tekee tuloaan
tulen valmiiksi kukkivana,
täynnä siemeniä karun maan kukoistaa
ja minä tulen kukkimaan
kasvattamieni linnun sulkien kanssa,
kukkivien satojen katveessa.
Minä tulen ja itseäni kasvatan.

LUOMISEN ALKUPERÄ

E lämä on matka
eikä sillä matkalla ole yhtä totuutta.
Toiset pitävät sateesta ja toiset auringonpaisteesta.
Voimme vain kunnioittaa
tätä monimuotoisuutta,
jonka ilmenemismuodot saattavat olla ainoita avaimia
luomisen alkuperään.

Kohtuun mistä kaikki syntyy,
minne kaikki palaa.
Muodottamaan
olemisen tilaan,
jossa saamme olla kiinni
näkymättömällä napanuoralla
ja tiedostaa
pääsyn valtakuntaan
missä mikään ei ole mahdotonta.

L uonnon monimuotoisuus
ja muotojen ulottuvuus
piirtävät kartan ikuisuuteen astua,
oman olemuksen hyväksyä ja kotiin itseensä saapua.

Spiraalin reunalla
maailmankaikkeudessa huhuillen:

"Mistä tulin ja minne mennä haluan?
Onko väliä tahdolla vai tahtoko itsessään piirtää muotoja
sanattomia viestejä eteesi avautua
opiksi ottaa ja valoa kohti laajentua?"

Luonnon viestit ovat selvät,
ikuisuus on nyt ja tässä.

M etsä näyttää miten sinnikkäästi
   kasvamme valoa kohti.
Armolla, omassa tahdissa.
Vuosirenkaiden välissä
levon tuoma helpotus.

VUOROTELLEN

Hukun suloiseen pehmeyteen,
elämän rajattomuuteen.

Hajoan sirpaleiksi,
leviän atomeiksi
tähän kaikkeuden äärettömyyteen,
jolle kukaan ei voi laittaa pistettä

Kuin keinussa keinuisin,
edes takaisin.

Luottaako vaiko eikö luottaa?
Kovettaako kuorta vaiko sulattaa?

Uskallan lopulta kuitenkin.

I hminen voi kadottaa itsensä toisiin ihmisiin,
peiliin,
yksinäisyyteen.

Ihminen voi kadottaa itsensä omiin haluihinsa,
toivottomuuteensa,
haaveisiin.

Ihminen voi kadottaa itsensä syömiseen,
juomiseen,
nälkäisiin harhakuviin.

Ihminen voi kadottaa itsensä roolimalleihinsa,
rooleihinsa.

Ihminen löytää itsensä hiljaisuudesta,
hengityksestään.
Ihminen löytää itsensä tästä hetkestä
perillä.

K aipaavat kappaleeni,
erilliset minuuden osani,
eheäksi kokonaisuudeksi
kutsuvat toisiaan yhteen liittymään.
Toinen toistansa kädestä kiinni ottamaan.

Vahva sisäinen tarpeemme on kokonaistua,
kuten maailmankaikkeudella
luonnollinen tahto laajentua,
voidaksemme eheytemme äärettömään virtaan vapauttaa.

Tässä universaalien lakien
hahmottamisesta kumpuava
koskematon laki.

Siihenkö rajoittuu vapautemme?

SYNNYIN MAAILMANKAIKKEUDEN SIELUSTA

P aljastan kosmiset kasvoni.
Paljastan kasvoni rakkaudelle.
Peili näyttää sen
ken katsoo takaisin.

Paljastan narrin olemuksen
ikuisen luonteen.
Paljastan rajattoman sisimmän
ja vain hän voi vastata
kaikuna huutooni,
kuka tunnistaa itsensä.

Anon itselleni armoa
tunteiden valtameren rannalla.
Mustan meren aallot lyövät
vasten alastonta vartaloa.

Hengitän rajattomuutta
luomisen kohdussa
kaiken synnyttämän tyhjyyden tilassa.
Kosmoksen lapsena
tulin alas rakentamaan
Rakkautta.

TUNNE VESI

Tunteet kuin aallot
joita meri vie,
rannasta rantaan
tuuli muovaa.

Kuka yhden aallon
väliaiaikaista muotoa
ottaisi niin tosissaan?

On tunteetkin alati muuttuvat.

Pehmeät muotonsa ottaa
myrskyssä rikkoutua.

Ehjä on vesi.

KUUNTELEN

K uulla kosken humina
sen virrattaessa vettä voimallaan.

Kuulla sydämesi äänet
jännityksessä.

Kuulla tahtomattaan
se mitä ei halunnut kuulla.

Kuulla maailman toiselta laidalta
auringon herättävän huomeneen.

Kuulla tähtien luhistuvan,
kuolevan.

Kuulla tänäänkin silti olevan toivoa.

Kuulla kaikessa se mikä on tarpeellista,
jotta uskaltaisi luottaa kuulemaansa.

Uskontoni on elämän uskomattomuus.

L öytääkseen uusia piirteitä itsestään
ihmisen on hyvä eksyä
vieraalle kadulle
kysymään neuvoa tuulelta.

ELÄMÄNHALU

M inä olen riisunut haluni
kuin sadetakin
kuin kevättakin
kuin läpinäkyvän harson.

Minä olen riisunut haluni kerta toisensa jälkeen
sinun edessä
peilin edessä
vasten valkoisia lakanoita.

Minä olen riisunut haluni
kuin lyijyn raskaan viitan.
Olen riisunut haluni kevyesti
kuin ihon elämän yltä.
Olen riisunut, vaikka se on tehnyt kipeää.

Tässä olen alasti
- läpinäkyväksi ei voi muuttua,
edes haluilleen.

Halut voivat mennä läpi,
sen olen oppinut.
Ja huomannut missä asuu ilo,
ja keveys laajentua.
Se asuu elämässä.

Elämä on halun suurin kukinto.

T ahdon itseltäni enemmän.
  En maailmalta
tai keneltäkään.

Vain itse olen
avain
ja
lukko.

Päämäärä.

Kun lausun kiitoksen joka askeleella
voin olla varma,
että kävelen kohti parempaa tulevaisuutta.

PELON JALOKIVI

Epämiellyttävän tunteen alla on sininen safiiri.
Sukella sisimpään,
saat tahtoa lisää
ja huomaat, se on voimanpesä
mitä pelkosi vartioi.
Lunastamalla kaikkien epämiellyttävien tunteiden
ja pelkojen portinvartijoiden avaimen
sinulla on avaimet Itseesi.
Rajattomien mahdollisuuksien aarreaittaasi.

Minun rohkeuteni on korkea pylväs pystytetty
juoksuhiekkaan.
Rohkeuteni maistuu aavikolta hiekkamyrskyssä.
Rohkeuttani ei voi peilata leijonan pelottomasta katseesta
- se kesyttää sen.
Minun rohkeuttani vertaan siihen, kun tikari lävistää sydämen
ja kivusta huolimatta kiskon sen itse pois,
vahvasti uskoen siihen, että se ei tapa minua
ja uskoni avulla jatkan elämää.
Joskus minun rohkeuteni puhkeaa
kevään ensimmäisenä kukkana,
keltaisena aurinkoon,
lämpimällä seinän vierustalla,
missä kirkas on kirkasta
ja multa mustaa.

VAPAUTUMISEN VALLANKUMOUS

Tarkoitukseni on vapauttaa itseni kärsimyksestä.
Se on tehtävä suoraan puhumalla sydämestä
rakkauden sanoja,
voimaantumisen valoja,
kunnioittamatta minkäänlaisia saloja.

Salaisuudet on aika paljastaa,
niiden voima itselleen valjastaa.
Siihen kammioon vaikka väkisin karata,
omia luurankojaan halata.
Kahleet niiltä irrottaa ja esille asettaa.
Toisten kanssa ne jakaa
huomataksemme sen;
olemme oikeasti VAPAA IHMINEN.

Tuoksutin tänään nenääni uuden ruohon tulevaa elämää.
Seurasin kuinka maa sulaa auringossa.
Kuuntelin joka aistein kevään tuloa, tunteja.
Tasapainotin itseäni luonnolliseen rytmiin.

Ihana oli hyväksyä maailman aikataulut - hitaasti hyvä tulee.
Vuodenajat vaihtuvat omaa täydellisen sopivaa vauhtiaan,
eikä meillä muillakaan ole yhtään mihinkään kiire.

Kiitos on kaunein rukous.

MAAN MIES

R akastan kasvun mahdollisuutta,
hidasta kypsymistä ja sadonkorjuun aikaa,
kun voi nauttia täysin siemauksin kylvön
tuottamista tuloksista.

Suurin työ tehdään juuri kylvössä;
maa muokataan huolella,
siemenet valikoidaan ja istutetaan,
maata hoivataan, kastellaan ja lannoitetaan,
sen jälkeen odotellaan.

Toivotaan suotuisia säitä ja kuitenkin
ehdottomasti sadettakin tarvitaan.
Kaikkea voi olla liikaa,
– paistetta taikka vettä taivaalta joka kaataa viljaa

Kaikki on kuitenkin maailmankaikkeudessa
oikein ja paikallaan,
vaikka ihminen itse ihmettelee kohtaloaan.

Antaudun elämän virtaan, ja luotan,
että se kuljettaa minut juuri täydelliseen,
oikeaan paikkaan.

KAUNEUDEN KASVOT

Katsoessani ohitsesi
näin kauneuden kasvot.
Kauneus on näkymätön maailma sisällämme.
Tunnen sen kun kuuntelen sydämesi ääntä.

Olemme vain ihmisen puolikkaita
ennen kuin olemme nähneet olemassaolevan ohitse,
kauneuden näkymättömän sielun sisään.

Näillä silmillä emme tavoita maailmasta eheyttä
ellemme uskalla nähdä,
kuinka ehjää ja valtavaa maailmaa
kannammekaan
joka ikinen, itsessämme valmiina.

Kuinka valtava voima on näkymättömällä.

Kuinka paljon pelottaa nähdä oman sielunsa kauneus.

Kuinka lähelle koittaa päästä näkyvää maailmaa,
vain hukuttaakseen kaipuunsa huudon
ja eksyttäen ikuisuuden.

Kuinka vähän haavoja onkaan siinä edessä,
jotka olisivat käsinkosketeltavan tosia.

Kysy polulta neuvoa.
Polku on viisaampi,
se tietää minne on menossa.

T ähtipölystä synnyin,
rohkeudella herkät siipeni
armolla avaamaan.

Menneen tuska nostaa kyyneleet
puhdistamaan kirkasta ydintä.
Ikävä mennyttä minua.
Toivo uuden edessä.
Vapaus syntyy minussa.
Elän joka solulla
alati uudistuvaa mielenrauhaa.

EHEÄ MINUUS

K oen mahdollisuuden suurempaan paranemiseen
jokaisena hetkenä,
koska hengitän Rakkautta.

Taivaallinen mahdollisuus
olla ihminen

yhtä ja samaa Rakkautta.

Keskeneräisyytensä hyväksyminen on suurinta vapautta.

P äästetään kipumme näkyviin,
pois rakkauden tieltä.
Rakennetaan peloille juhlava kulkue,
lempein vastaanotto.
Tervetuliaismaljat koholla
laitetaan punaiset metsäapilankukkaseppeleet päähän ja
lauletaan piilotetuille kohdille rohkeuslaulu.

Annetaan kivuille rakkaudenkaste.
Nimi kuin rakkaalle lapselle.
Tervetulleena, yksitellen,
jokainen niistä voi päättää lähteäkö vai jäädä.
Ja kuinka pitkäksi aikaa.
Ovet on auki mennä ja tulla.

Ovet on aina auki lapsen haavoittuvuudelle,
teinin epävarmuudelle, elämän harha-askelille,
pettymyksen karvaudelle, epäonnistumisen pelolle,
hylätyksi ja yksinjäämisen kivulle,
vanhojen ihmissuhteiden ja rakkauksien pettymyksille,
kelpaamattomuuden arkuudelle,
surulle, ettei joskus osannut olla itselleen tai toiselle oikein.

Tehdään malja kuohuvasta hedelmäjuomasta.
Nostetaan huulille, anteeksiantaen itsellemme se
miten vasta nyt näemme sen mitä näemme.
Ylistetään sitä, että viimein näemme mitä näemme.
Nyt on juuri oikea aika.
Ja tämän hetken kirkkaassa valossa
on tila kaikkien asioiden näkyä ja olla totta, koska
viimein rakkaus on tarpeeksi suuri.

T ähän olen tullut,
tässä perillä istun.

En mitään odota,
en etsi.

Hengitän.

Olen.

into vapaus auringonlaskut

iloittelu rehevyys kukkaniitty

eloisuus hekuma kukkiminen

huipentuma sato elämänvoima

nautinto kimallus laineet

tanssi nuotio runsaus värit

kiihkeys seikkailu rentous

yltäkylläisyys lepo intensiteetti

kelluminen aurinko aukinaisuus

helle polte voimaantuminen

virkeys lämpö ihmetteleminen

loiste vehreys aamu-usva

taika lento tuli valoisuus

voima kukoistus linnunlaulu

MAAILMANKUVA

Kitara ja sen sointujen rytmissä
kauniita liikkeitä tekevä nainen, jolla on
vihreistä sulista tehty naamio,

tanssii saman laskevan auringon alla,
jonka valossa savanni iltaisin oranssinkeltaista kuultaa.

Naamion takaa naisen silmistä näkee ntohimon,
jolla hänen sielunsa seikkailut vastaanottaa.

Ilta ei lopu.
Se pitää päivisin taukoa.

Hektisen kuuman rytmin kesyttää
jo aamuauringon ensimmäinen säde.

Meren rannalla kastan varpaani märkään hiekkaan.
Näen sateenkaaren ja sen alitse kulkevan rakkaan ystäväni.

Maailman merien rannoilla olen elämästäni nauttinut.

Niitä meriä on monia,
niillä kaikilla on oma nimensä.

Minä sanon vain:

Maailman tuulet.
Maailman meret.

Niillä on vahva tahto ja taito lempeästi sen alle taivuttaa.

TÄMÄ MAAILMA TAIKUUTTA TÄYNNÄ

T ähdet taivaalla morsettaa ikuisuudesta
   ajattomuuden sanomaa.
Täällä alhaalla luomme elämäämme suurimmat toiveet
hetki kerrallaan.
Niistä näkymätön kynä kirjoittaa elämämme kokonaista tarinaa.

Kuuntele ja yritä ymmärtää tuulien taajuutta.
Kysy puulta mitä ne kertoo,
- niiden latvustossa tuo ikuinen matkalainen usein laulaa.
Ulvoo lasten hätää.
Samalla laululla kevyttä tunnelmaa tuulikellossa ylläpitää.
Paina korva kiinni männyn jykevään runkoon
ja kuuntele,
tai istu juurakolle
kuin isoisän polvelle.

Tämä maailma taikuutta täynnä,
jota kuunnellessaan alkaa pikkuhiljaa ymmärtää.

NÄEN METSÄPOLULLA RUNOJA

N e ilmenevät puiden persoonallisuuksien ytimestä.
Vihreät lehdet haluavat paiskata kanssani kättä.
Valkoisten koiranputkien hentojen kukkien nyökytellessä
lempeässä tuulessa punaisen mökin pihamaalla
kuulen tammenterhon kiljahduksen;
"Minäkin tahdon kasvaa vahvaksi"
ja loikkaa muhevaan multaan.
Tikka koputtelee männynkelossa
onttoja kohtia selvitellen.

Ketunleipien kuuluva kikatus
muurahaishapon kirpeän tuoksun kyllästämällä polun reunalla
saa minut hymyilemään ja hengittämään syvemmin.

Kuullessani kaukaa joutsenien siipien havinaa
nostan katseeni ylöspäin ja huomaan
olen yhtä vapaa.

TAMMEN VOIMA

K ävelin tänään metsässä ja
kysyin tammelta:
"Kuinka paljon sinulta on vaadittu vahvuutta
olla kaatumatta
pahimmassa myrskytuulessa, joka
vuosirenkaiden kerryttämisesi aikana
on maailmantuskaansa huutanut sinun latvustossa?"

Sain vastauksen
sanattomana
heijastuksena
paljonko läsnäoloa
minuuteni on kykenevä vastaanottamaan.

Olemustani tammi siinä
hengitellen
syvempään elämänkokemukseen herätteli,
niin sanotusti
tekemättä mitään.

Kuin metsäneläinten tanssi
sadulta tuntuu kohdata
rakkauttasi,
ilmassa leijuvaa
kirkastavaa ja eloisaa.

Kuinka kauan olenkaan
tehnyt tähän metsään matkaa.
Kulkenut
kukkia polulla ihastellen.

Auringonsäteissä iloiten,
myrskyssä kyyneleeni pesten.

Ja nyt alan tuntea
sen elinvoiman,
joka kaadettujenkin puiden
kannoista
tässä metsässä
vielä huokuu haamukipuina.

Paikata sydämeni hakkuuaukea.
- se voima on Sinussa.

YDINVOIMA

E lämä opettaa,
kauneuden ydin on vahvuus
ja todellinen voima
piilee herkkyydessä.
Eikä se katoa.
Siihen eivät kovat kädet voi tarttua.

Herkkyys menee eteerisenä aineen läpi
piirtäen ikuisuuden mereen renkaita,
koskettaen sydämistämme kaikkia
tuntemattomiakin galakseja.

H e sanovat, rakkaus haavoittaa,
mutta eivät ole tavanneet sinua,
jonka lempeydelle voi löytää peilin ainoastaan aavikon keitaalta
missä linnut eivät kasvata enää mustia sulkia,
vaan hakevat värinsä veden kirkkaudesta.

He sanovat, rakkaus haavoittaa,
mutta eivät ole tavanneet sinua,
jonka lempeydelle vain tuuli tekee vertaa,
puhaltaessaan hiekkaa iholta
samalla aavikolla,
jonka kangastukset johtavat toiset suojaan kylmältä yöltä,
toiset pois kivuistaan
ja onnettomimmat eksyttävät ikuiselle kotimatkalle.

He sanovat, rakkaus haavoittaa
ja kääntyvät sinut nähdessään toiseen suuntaan,
vaikka tienviitassasi lukee isoin kirjaimin
"KOHTI PARATIISIA."

He etsivät mutta ovat sokeita löytämälleen.
Ja he sanovat aina vaan "rakkaus haavoittaa",
mutta tavattuani sinut minä tiedän;
todellinen rakkaus ei haavoita,
se parantaa kokonaan.

KAIKKEUDEN NEKTARI

K aiken Hyväksymisen nektari
maistuu persikankukan tuoksulta.

Lepään en missään minussa.
Kaikkeuden syli on ääretön.
Siinä ei ole suuntia.

En voi enää nukkua, en herätä.
Olen tässä Rakkauden sylissä,
ikuisena hetkessä.

KUULEN ITSENI

"**V**oisitko lohduttaa minua?"
yksinäisyydessäni kysyin Itseltäni

"Mikä hätänä..?", tiedustelisin.

"Olen yksinäinen", vastasin.

"Paina pääsi kukannuppuun kuin lapsi äidin rinnoille.
Uppoudu sen täydelliseen kesäiseen tuoksuun.
Ojentele käsiäsi kilpaa kera heinien.
Laske alas lehdenvartta
kastepisaroiden kanssa.

Kuule auringonsäteiden kikatus.
Ota kesä sydämeesi Rakas Lapsi.
Siinä ajatuksessa et ole yksin."

Ne olivat juuri ne sanat jotka kuulla halusinkin.

VIERIVÄÄ VETTÄ

Niin nopeasti sitä tyttö kasvaa.
Vesien vieriessä,
kallion poskipäitä silottaessa.

Kuohuvien koskien vaahtopäiden alla voimaantuu,
nousee ja ratkeaa
hersyvään nauruun.

Pysäyttää vedet.

TODELLISESTA VOIMASTA

Olla kuin sammal itselleen,
pehmittää oma laskunsa
pudotuksessa hellittäessään otteensa.
Siinä on rakkauden olemus.

Todellinen voima pohjautuu äärimmäiselle rehellisyydelle,
epämiellyttäville tunteille,
suunnattomalle surulle,
ja niiden kestämiselle.

Suoristaa selkänsä,
vaikka suru painaa.
Itkeä kyyneleet vahvempia esittävien edessä,
jotta hekin voivat lopulta murtaa jäykän kuorensa,
vapauttaa sielunlintunsa todellisen laulun.

USKONTUNNUSTUKSENI

M inä uskon sinun rajattomaan olemukseesi,
valtavaan potentiaaliisi
ja kykyihisi ilmaista itseäsi rajattomasti.

Minä uskon kaikkivaltiaaseen
oman ajatuksesi voimaan
muuttaa ja rakentaa,
luoda ja ilmentää kauttasi
rajattomia lahjojasi.

NINJA - VOIMAN SALAISUUS

Aktivoin soturin luonteeni,
viritän sisäisen ninjani
taajuudelle valon säteiden.
läsnäolevan hetken kirkkauden,

Tahdon muistaa uudelleen voiman sen,
joka saa havainnoimaan pienimmänkin
NYT - hetkessä esiin tulevan yksityiskohtaisuuden.

Mitä muuta korjattavaa ihmisyydessä,
kuin millä tarkkuudella
vastaanottaa läsnäoleva hetki,

kaiken hyväksyen.

SYDÄN ON TIE TOINEN

Tahdon kasvaa ja
tunteeni vapauttaa.

Tahdon surun ja kyynelten kautta
laajemman ilon tavoittaa.

Kohti taivaanportteja kurkottaa,
jotka omasta sydämestäni paratiisiin avaan.

Lapsenmieli ja rohkeus siinä palkitaan,
kun niistä porteista sisään astutaan.

Ä äretön matka
maailmankaikkeudessa
- kuin purossa soliseva vesi
virtaa eteenpäin
epäilemättä ollenkaan.

OLLA MINÄ, OLLA SINÄ

Voin olla se, jonka kanssa
naurat niille asioille, joilla ei ole merkitystä
mutta luovat meille elämän.

Voin olla
kirja täynnä tositarinoita elävästä elämästä.

Voin olla hölmö lapsi,
jolle kerrot itsestäänselvistä asioista,
joista en ole kuullutkaan.

Voin olla samaa energiaa,
kuin vanha tammi joen rannalla,
- halatessani sitä voin sulautua sen runkoon.

Voin olla olematta.

Voin olla äärettömyydessä yksi
ja samalla kertaa kaikki.

Olen sitä mitä tarvitset

o n y h t ä k u i n

Olen sitä mitä tarvitsen.

Ja se on olemiseni tarkoitus.

VOIMA PUHUU KAUTTANI

T änään tuntuu kuin huomenna mikään
ei olisi enää kuten ennen.
On avattu se ovi ja ylitetty se kynnys jolta
ei voi enää kääntyä takaisin.

Näkemäänsä ei voi unohtaa.

Hän joka asuu minussa,
ja on elänyt monta elämää,
ja tietää paljon,

- on kertonut tänään tarinaansa ja
minä olen ollut kuin sadussa.

Hän jakaa kaiken kanssani.

Minuuksia on monia ja olen silti vain tämä yksi.

PEHMEÄ MAISEMA

O len löytänyt miellyttävän maaston
itsestäni jälleen.
Tässä pehmeässä maastossa
ilta-auringon kajossa,
on nyt maisema minussa.

ELÄMISEN TAIDE

Tunnen olevani suuri taiteilija,
koska se minä OLEN.
Siksi minä olen täällä.
Yhdistääkseni minulle annettuja paloja omaan mosaiikkiini.
Jonakin päivänä kaikkien teokset yhdistyvät.
Sinä päivänä on minun näyttelyni avajaiset.

KASVAMME VALOA KOHTI,
SE ON LUONNONLAKI.

Aurinko valaise tieni, jotta
näen mihin suuntaan
olisi hyvä kulkea.

Aurinko siunaa kulkuni, jotta
tieni olisi turvattu.

Aurinko
öisin kuunkin kaipaama,
mistä saakaan suuri planeettamme valonsa,
jollei kuun heijastamasta hohteestasi
ja maanpäälle näkyvistä kasvoistasi.

Kiertosi on tarkkaan seurattu.
Elämämme kiertyvät ympärillesi.

LOOTUSKUKKAUNI

L ootuskukka kiertyi hiukseni suortuvaan.
Laskin sille puhdasta vettä maljaan.

Annoin kukan juurensa suoristaa
ja janonsa siitä sammuttaa.

Kukalle riittänyt ei maljani joka oli täysi vain puoliksi.
Loppui kesken elämän eliksiiri.

Hädässä polvistuin maahan kuraiseen.
Lootuskukka suodatti itseensä lammikosta veden mutaisen.
Tiesi maistaneensa juurillansa lammen pohjasta
samaa ennenkin,
silloin luuli sen olevan kerta viimeinen.

Lootuskukan voimakas kauneus ja tuoksu lumoaa
huolimatta siitä, että mudan seasta elinvoimansa valjastaa.

Voimme ihmisestä nähdä tätä samaa,
kun katsomme syvälle silmiin hänen sieluaan.

H engen pitää saada ilmentää itseään vapaasti.

E lämän vesillä
Rakkaus on vene.

Hyväksynnän airoilla soudan.

Pimeät saattavat olla vedet,
mutta syvyydessäkin on elämää.

Laajat kaaret vedän airoilla,
kotimatkalla.

T ietoisuuden
  kulkuneuvona
luomisvoima.

Valo hehkuu väreissä,

meissä,

sisimmässä.

Maalaat sillan Itsellesi
astua suunnattomaan.

HOLOGRAMMI-MINÄ

Olen näkyvissä, koska
minuja on niin monia
päällekkäin.

Yksi Rakkaus,
jonka sisään me kaikki mahdumme.

RAKKAUDEN KASTIMERKKI

Suudelma otsallesi.
Me kuulumme samaan heimoon.

UUSI AIKA

L oisteen sisimmästään paljastaa,
supernovansa urheasti valjastaa.

Valjakon edessä
sokea piste.

Labyrintissa
juostessaan
on kuin sulaa laavaa.

Tietä tasoittaa.

Rikkoa rajansa,
tähtipölyksi,
uudenlaisen universumin muodostua.

Kuka estää kukkaansa aukeamasta,
kivulleen antautumatta,
täyttymystä itsessään pidättää.

Lahjaksi annettiin kärsimys;
ei kruunuksi,
vaan sydämen syvyyttä valaisemaan.

Luonnollista
on täyttymys.

ROHKEUS

A vata itsensä
ja olla sulkematta sydämensä portteja,
vaatii suurinta rohkeutta,
mitä ihmiseltä koskaan tullaan kysymään.

ELÄMÄNLÄHDE

K ahlaan kristallin kirkkaassa lähteessä
alas mutkaista virtaa.

Vesi on niin kirkasta,
etten pelkää vedenalaisia vaaroja;
näen jokaisen kiven johon on vaara kompastua.

Aamuöisin kun on sumuista
istahdan kivelle katselemaan
usvanneitojen tanssia niityllä.
Ja kuinka he tanssittuaan
sulautuvat sumupisaroista
virraksi
minun kulkea,

seurata selittämätöntä.

P äästää irti,
  muuttua todeksi.

Unenkaltaiseksi.

Vapaaksi.

Katsoa taakseen,
nähdä siipensä.

Levittää ne,
lähteä lentoon
lämpimien tuulten vietäväksi.

Lentää linnun lailla.

Kuinka voisin sitoa Rakkauteni,
voimaltaan kuin villihevosten lauma.
Kooltaan kuin tuhansien tulikärpästen parvi.

Ilmentyen erilaisissa muodoissa,
olemukseltaan kuitenkin muodoton,
kesyttämätön, valtava ja vahva.

Kuinka voisin kesyttää Rakkauteni
paikoilleen asettumaan.

Rakkauteni pitää minut liikkeessä,
sisäisen lähteeni pulppuilemassa,
nauruni helisemässä iankaikkisissa
hetkissä, silmissäni tähdet tuikkimassa.

Kuin lapsi tunnen olevani elossa
tässä suuressa mysteerissä nimeltä Elämä.

VILLIHEVOSIA

On mahdollista alitajunnan tavoittaa
eläimen vaistot ja vietit,
saada tietoisuuden rytmiin asettumaan,
oman sielunsa kanssa kommunikoimaan.

Näin villihevoset unissa valjastetaan.

lakastuminen putoaminen ruska
rauhoittuminen laskeutuminen
tunnelma usva maatuminen
irtipäästö kuolema pimeys
luopuminen sade totuudellisuus
puhdistuminen leijailu kynttilä
sisäänpäin kääntyminen loppu
muodonmuutos loska melankolia
valmistautuminen romantiikka
lohdullisuus syvyys hiipuminen
sadonkorjuu raskas vapautuminen
väsyminen oranssi hiljentyminen
muisto synkkyys pysähtyneisyys
utuisuus löytäminen lumous

S yntymähuuto on kysymys.
  Missä olen?
Mitä on elämä?

Kuka minua kannattelee, kuka ottaa vastaan?
Rakastaako valo vaikka se tekee kipeää?

Huudamme pimeydestä valoon
koko elämämme
vastasyntyneen lailla.

Kipu on äänetön kysymys.
Vastauksista rakentuu maailma.

Nukun pitkospuu-unta
lootuskukkamerellä.
Liekehtivän sielun
punainen talo
tuhkana rannalla
ajatuksenkieltäjä sen vartijana.

Totuuteni nimessä tunnustan
vartijoiden kuninkuuden.
Vapauteni on yhtä muodoton kuin tuuli
ja vain minä itse
voin sulkea sen
syliini.

Vihansinetissä kuolleen ajan leima.
Katson ja näen, että
kukaan ei ole tulossa sitomaan
tätä haavaa.
Laskeudun pimeimpään ja
syvimpään sieluni kuiluun
pelastamaan nykyisyyttä menneeltä.

PRIMITIIVI-MINÄ

K alliolla, kivisen seinän suuaukolla huudan oman nimeni.
Näen pimeydessä oman kuvani.
Olen asunut tuossa luolassa vuosituhannet.

Vahvana kaikuna saan vastauksen itselleni:

"Tahdon avata ikuiset silmäni.
Nähdä taakse noiden vuosien
jotka johdattivat minuuteni siihen pisteeseen
mistä lähdettiin avaamaan tätä tarinaa.

Siinä,

siinä on kaikelle vastaus."

U usi aikakausi alkaa
   kun esirippu avataan
todelliseen sielunmaisemaan,

hakkuuaukeaan,

ihminen itse
itseänsä kaskeamaan.

REHELLISYYS

K atsoa itseään
epämiellyttävässä hetkessä
huonossa valossa
itseään piilottamatta
on rehellisyyttä.

Kysyn kuinka monesti olen pystynyt siihen..

Ne hetket palkitsevat ja vievät eteenpäin eniten.

Mistään en ole oppinut niin kuin virheistäni.

KAMALA MANALA

S iltä portilta voi palata,
vaikka toisin sanotaan.

Siltä portilta on moni palannut,
tullen elävämmäksi.
Tahtonsa löytänyt siltä tieltä.
Väsyneenä kulkenut tiensä päähän,
aarteensa löytänyt ja palannut elämään.

Ei hukkaan heitettyjä
päiviä olekaan.
On vain niitä jolloin todella herätään elämään.

KIPUNI

Auringonpimennyksen aikaan
itken mustia kyyneleitä
ja yskin öljyä
kun nousen syvistä vesistä.

Haukon henkeä ja taas sukellan.

Sanoit, että minussa on niin paljon kipua,
että tunnet voimattomuutta.
Koen itsessäni olevan niin paljon voimaa,
että lopulta kipunikin on täynnä rakkautta,
mutta en minä sen kanssa lähde kilpailemaan
vaikka sitä se tahtoo.

Kivun voin voittaa vain antamalla anteeksi
ilman, että kukaan edes pyytää.

VAHVUUS

Kallioon oli joku piirtänyt sydämen.

M uotopuoleksi
luuleva varjelee
itseään virheiltään,
mutta virheettömyyden
tietäjä ymmärtää;
virheen rosossa
on railo kauneudelle

Itsensä synnyttää.

I lman näitä tutkimusmatkoja syvälle itseeni,
  syvimpiin suruihini,
itsekkyyksiini,
todellisuuden harhan luomiin pelkoihin ja ristiriitoihin,
ei syntyisi maata rikkovia oivalluksia,
jotka mahdollistavat kasvun.

Liian tiiviisti tallatussa maaperässä
vaikea siemenen saada pinnan läpi päätänsä
tai juurten ilmaa.
Kannatan kuokan käyttöä.

Perusturvallisuuttani hoitamalla luon kasvualustaa.

Unelmani tulee toteen.
Vahvistan sen hyväksymällä kaikkeuden aikataulun,
luottaen, joku muu tietää paremmin.

Olen mielelläni oppilaana.

SISIN, SYSIN

H apuilen itseäni,
päädyn syvemmälle,
löytääkseni eheimmän kohdan,
josta ponnistaa takaisin pintaan.

Ympärillä on aina käsiä
kun vain muistan niihin tarttua.

Jotkut kädet väsyvät,
toiset taikovat suotuisia tuulia ja
takovat voimakkaampia tulia
itselle nousta omaan voimaan tajuamaan,
kuinka alhaalta voi tuoda mukanaan
niin paljon syvyyttä onneen,
ettei kuilunsa reunalla muistakaan,
vaikka voisi siitä eheyteensä motivoitua
enemmän uskaltamaan.

RAKKAUDEN KASVOT

R akkauden vahvat kasvot kääntyvät minuun päin.
Niissä kasvoissa on katse joka ei käänny pois.

Joskus sisimpään sattuu sunnattomasti,
kun katseen voimasta kipu palaa pois.
Jättäen jälkeensä tuhkan hennon
lentää tuuleen,
asettuen maahan uutta alustaa luomaan.

Rakkauden kasvot soisin luokseni tulemaan
oikein lähelle useammin.

Ainoa asia joka sulattaa kivun pois
on Rakkauden periksiantamattomuus
ja sellaista voimaa on vain harvassa.
Kipupisteissä on paljon voimakasta tuskaa,
kuin polttomerkissä.

Emme koskaan pääse käsimyksistämme
ellemme alistu kivulle.
Tätä tarkoittaa, että anteeksianto on vain vahvalle sielulle,
sillä siinä altistaa itsensä joskus suunnattomalle tuskalle.

P isara meressä
on koko maailma itselleen.

On vaikeaa nähdä itsensä ulkopuolelta,
mutta mahdollista.

O lemmeko ikinä todella kohdanneet?
Silmiin toisiamme katsoneet niin,
että hiljainen ymmärrys välillämme olisi
poistanut kaikki kysymykset, epäselvyydet.

Olemmeko ikinä toisiamme silmiin katsoneet, niin,
että olisimme toisemme tunnistaneet ja
hiljaisuuden kevyt harso olisi ainoa olennainen asia
toistemme välissä kera vallitsevan
hyväksyvän läsnäolevaisuuden?

Olemmeko osanneet toisiamme rakastaa syvältä?
Niitä juuria myöden jotka mahdollistavat eheän kasvun ja
ravitsevien hedelmien latvustossa lopulta kypsyä.
Olemme koskaan toisiamme oikeasti kuunnelleet?
Kuulleet vastauksen kysymykseen:
"Mitä sinulle kuuluu?"

Vai olemmeko vain väistelleet totuutta toisistamme,
totuutta itsestämme?
Olemmeko halunneet pitää itsemme
omien uskomuksiemme lämpimässä viitassa,
jonka vyö alkaa kiristää heti
kun sitä joku koittaa päältämme riisua.

Onko meidän lopulta parempi olla tuntematta toisiamme
jottemme joutuisi kohtaamaan omia todellisia tunteita
omaa todellista kaipaavaa itseämme
omien haavoittuneiden tunteidemme alla,
jotka ovat aivan liian kipeitä parantaa??

E i sillä ole väliä,
kuinka moni tulee ymmärtämään
polkuni merkitystä,
vaan sillä, että
tallaan
oman polkuni,
on merkitystä.

Kannaskantoinen, lyhytnäköinen.

Jokaisen kanervankukan tuoksu matkalla
ja päämäärä horisontin takana,
jonne seikkailijan mieli vie.

ERÄÄN VAHVAN NAISEN RUNOMUOTOKUVA:

S oturinainen
piirsi itsenä tuliympyrän sisään.
haastaen kutsuvasti tummilla silmillään
taistoon jopa voimaeläimiään.

Miekka kärjestä hopeoitu,
sen varteen punaiset turmaliinit upotettu.
Asentonsa on vakaa ja tyyni.
Liekit lyövät hahmonsa yli.

On ripeästi saatettava taistelu päätökseen
ennen kuin tuli kaiken sisäänsä nielaisee.

Hän on soturinainen luonnon aatelia.
Vihassa hehkuu vielä voimansa.

Laskee nyt aseensa jalkoihin
ja virittää äänensä kuuluviin.

Kerääntyy leijonat siihen lähelle
katsomaan ja kuuntelemaan
kuinka viha voimaksi valjastetaan,
sisäinen tuli luovaksi käyttövoimaksi muunnetaan.

Yhdessä kuorossa leijonat ja nainen karjahtaa,
mutta tässä ei julisteta sotatilaa,
vaan löydetään sisimmästä tilalle rauhaa.

Sisäinen mittelö on käytävä yksintaisteluna.
Tämä nainen on siinä vahvasti jo voiton puolella.

VIHASSA VOIMA

R ikkomaton on tahtoni,
vihassa voimani
piirtää rajat oman itseni.

"Tästä et perkele läpi kävele
tietyömaa on kesken!"

Vihalla aidoitan kasvuni.
Annan takaisin itselleni voimani.

Vihassa voimaannun
kunnes se on ruokkinut minut sisältä
vahvaksi.

Ei voimavarojani riistänyt,
ei puhki kuluttanut,
eikä varjoani voimistanut,
vaan antanut kyvyn otteeni siitä irrottaa,
anteeksi antaa.
Tehden vanhan vihani tarpeettomaksi.

Tunnistin itseni tuoksi voimaksi.
Nimitän sitä nyt Rakkaudeksi.

R ikon kahleeni.
En ole enää ketjussa.

En vahvin,
en heikoin lenkki.

En ole enää ketjussa.

ELOSSA

Kuulen suolta kurjenhuudon.
Kävelen pystypäin.
Askeleeni upottavat jalkani
kaksituhatta vuotta vanhaan maankerrostumaan.

Jälkeni painautuvat lammikoiksi.
Olen syvällä suossa.

Kengät kastuvat.
Taivas itkee teräviä kyyneleitä.
En erota niistä omiani.
Maailmantuska on omaani.
Luonto on sanaton kaiken edessä.

Polvistun rahkasammaleelle
voimattomana.

Joskus elämä väsyttää
ja ainoa joka uskaltaa ottaa taakkani vastaan on hiljaisuus.

Sumun hälvettyä näen hauraiden pilvien lipuvan ohitseni
kuljettaen alati muotoutuvaa vesihöyryä ilmassa
tavoittamattomissa, kuten unelmani
vailla muotoa.
Tunne omassa sydämessäni.

Päästän irti tahdostani
Sanon ääneen:
Olen valmis elämään todeksi
korkeimman suunnitelmani.

INTIAANISIELUNI PUHUU:

T ahtomattasi
  tuuli lennätti sulan hiuksiltasi,
pyöritti mennessään.
Katosit aikaan.

Palasit ajattomuuteen,
sieluusi.

Koet taas tietosi,
lähteelläsi.

Elät elämäsi ikuisena
vastuuna
astua
portaita
seurata sateenkaarta joka vahvistuu sinussa.

Intiaanisielusi
tuli ajattomasta aikaan,
taikomaan,
tuulen letittää tiesi
eteesi,
ettei tarvitsisi valita,
vaan ottaa omansa
ajassa,
paikassa,
askelissa.

Käyttövoimasi
muinainen
rakkaus ikuinen.

SURULLINEN MÄNTY

Tulit mieleeni,
sinä surullinen mänty.
Tapasin sinut kerran metsässä,
sateisella, turpeisella, hiukan upottavalla polulla.
Olin juuri pois kääntymässä,
kun näin sinut siinä risteyksen nurkalla.

Ymmärsin heti surusi syyn sanatta
- se on jotain mitä on vaikea kuvata.
Eihän sinulla ollut sille edes sanoja.

Ihmisyyteni väistyi tieltä,
jotta voisin kuulla meitä
kaikkia koskettavan surun ja sen elävyyden.

Ihmismielen kapea-alaisuus
rajoittaa tunnekokemuksen elävyyttä usein.

Sinä mäntynä,
saat yhteyden juurillasi
laajalti,
paikoiltasi,
sienirihmaston morsetuksen kautta,
aina, vaikka toiseen maanosaan.

Silloin ei varmasti koe enää olevansa yksin.
Silloin täytyy olla mahdollista kokea täydesti se,
mitä puhutaan ykseydestä.

Sain jakaa sanattoman kipuni kanssasi,
aito läsnäolosi sen mahdollisti.

Vihertävää sientä kasvavalla kaarnalla
luulin nähneeni kyyneleesi,
mutta tajusin sen olevan sadepisara.

Sanaton kipuilu.
Siinä olimme yhdessä,
yhtä.

Olen unohtanut itseni.
Siksi minusta tuli niin todellinen.

TAIVAALLINEN MURHA

K äänsin kirjahyllyn,
jotta seinän läpi näkisin
pilvisen vaaleansinisen taivaan
paremmin.

Koputit ovelle.
Pyysin salasanaa
ja virnistin suupieleeni
tietäen, ettei sitä ole.

Sanoit:
Mitä muuta taivas on koskaan ollut
kuin isänmurhaa.

UNIKIPUILU

T änään minun tarvitsee hengittää tähtitaivasta unieni läpi keskellä yötä. Pitsistä tehdyt lumihiutaleet antavat kaksijakoisen maailman heijastua lävitseen.
En tullut tänne tuomitsemaan sinua enkä itseäni.
Tulin hengittämään vapauden ja ihmisyyden kestäviä kirkkaita kyyneleitäni. Tulin pelastamaan mieleni myrkynkeittäjältä ja tuomitsemisen okailta, jotka mieluusti tahtovat naulata minut kadun varteen, siihen betonin harmaaseen, joka viettelee tehokkaammin kuin kukaan baarin tiskillä. Tunteillani ei ole tupakka-askin hintaa, enkä tänäänkään antaudu addiktioissaan pyörivän mieleni raiskaukselle. Silkinsilein hansikkain olen oppinut käsittelemään itseäni epätoivonkin hetkillä.

Maailma tuntuu rosoiselta poskeani vasten
ja sinun sydämesi kipu saa kätesi nousemaan lyöntiin kasvoilleni.
Silti minä tunnen sydämeni linnun lepattavan,
nostavan siipensä jälleen oikeaan suuntaan.
Karttamerkit ja navigaattori on sillä sisällä,
enkä tarvitse lennonjohdon lupaa nousta yöhöni tänäänkään.
Tahdon vain nähdä silmistäni heijastuvat tähdet,
hengittää jäähileitä virkistämään keuhkojeni tunkkaista sisäilmaa
ja antamaan maailmalleni luvan toteutua, ottaa tilansa.

Vaikka neliöhinnat täällä pääkaupunkiseudulla ovat nousussa
uskon edelleen, että elämän arvo piilee hengenvedoissa.
Olen ansainnut paikkani (kuten jokainen on tärkeä)
tänne jo syntymässä.
Vapauden laulu soi tuulessa ja minä yhdyn sen säveliin
tietäessäni, että kipu synnyttää kyynelistä kirkkaimmat
loistamaan taivaalle rohkaisevaa sanomaa,
kuten keijuja syntyy lapsen kuiskiessa.

En anna kenenkään viedä taidetta sydämestäni,
sillä minä tunnen nämä kevyet,
taivaalla liitävät tunteiden pilvet omikseni,
jotka syntyivät sinut kosketuksestasi,
hänen torjumisestaan,
lapsen ihmettelevistä pohjattomista hämmästyneistä reaktioista,
vanhempieni tuskasta ja vahvuudesta.

Sydämeni laulut järjestyvät
maailman sähkölankojen nuottiviivastolle epämääräisen
kauniiksi säveliksi.
Niillä ei ole alkuja eikä loppuja,
kuten tuuli niitä soitetaan vuorotellen keskeltä sivulta
ja lounaasta.
Annetaan niiden sävelien soida jotka synnyttävät meissä
maailmojen kaikuja
toisillemme,
toisistamme,
taiteen takia,
sydäntemme vuoksi
ja siksi, että näkisimme maailman väreissä tänäänkin
kun harmaa sää on jatkunut jo viikkoja.

KUOLEMA ON OMA UNENSA

I kuisuuden todistus,
kosketus, tässä,
itseä lähellä kadotus.

Katsomalla taivasta pakenen ruumiista.

Hengitän unta.

MATKA ON PREERIA
JA MÄÄRÄNPÄÄ

T ämä yö on kuin maisema,
jossa musta höyryjuna halkoo raskasta sumua
halki erämaan pitkin kiskoja.
Ryöstö on aina
enteilevä uhka ilmassa,
mutta vaara on kadonnut aisteista,
koska se on niin arkipäiväistä alueella.
Minulla on vastuu matkustajana
tarkkailla maisemia
ja sillä vastuulla ei ole muita kantajia
kuin sisäinen tietoni siitä, että
taitan satoja kilometrejä entisestä
seuraavaan tulevaan entiseen, että
näiden entisten välillä
on jokaisena hetkenä
mahdollista tavoittaa autuuden huippu, joka
on kaareva pohja, missä levätä kokemuksessa
jossa minä hengitän maisemaa
ja maisema hengittää minussa.

LAPSI YÖSSÄ

E ksyneenä tähtitarhaan,
ei helpolla löydä takaisin tietä päivän puutarhaan.
- Mistä voisin erottaa joukosta muiden tähtien
sen jota alunperin tänne seurasin?
Kimaltaa avaruudesta monien tähtien valo,
valovuosien päässä yössä on lähin majatalo.
- Sydämeni tahtoo takaisin luo onnen ja päiväperhosien,
auringonlapsi tuntee yössä vain kaipauksen.

O lla sinä,
niinkuin öisellä taivaalla tähti.
Yksin, yhdessä,
muodostaen kuvion.
Minkä mukaan monet suunnistavat.

SE MITÄ KAUPUNGISSA EI OLE

Betonitunnelma.
Kova alusta,
jonka päällä asiat OVAT,
eivät elä.

Kävelen irrallisena.
Asfalttikerros erottaa minut yhteydestä maahan.

Ihmiset naamioituvat mielikuviin.

Epätodellisuus on esillä.

Katson taivaalle.

Unohdan mitä juuri näissä kulisseissa näin
ja muistan,
että kaikki on todellista
näytelmän takana.

On ihmeellistä
miten uni voi olla vahva.

YKSINOLO

Niin kuin puut kasvavat
metsässä vierekkäin
eivätkä ole yksin.

JOKU JÄÄ, JOKU LÄHTEE

Kuolema ei kysy kenet se ottaa.
Se mittaa elämää eri punnuksilla.
Ajattomilla, kevyillä, aineettomilla,
joita ei maallisilla silmillä näe.

Kuolema ei kysy, se vie kädestä.
Varmasti, johdattaa perille
ajasta siihen ikuisuuteen missä yksikään hymy ei katoa,
eikä nauru lakkaa helisemästä.
Mutta maallisilla korvilla emme sitäkään usein kuule.

Sillä suru peittää korvat
ja silmät.
Muutumme sokeiksi
tumman usvan keskellä.
Jäämme siihen sakkaan minkä kuolema jättää
hämmentäen elämänkehää.
Sekoittaen ikuisuuden renkaat hetkeksi kuolevaisten elämään.

Jos emme avaa silmiämme näkemään ajan taakse,
saatamme luulla menetyksen olevan totta.

Suru vahvistuu ajatuksesta, ettemme jatka elämää,
mutta kuolema tietää, ikuisuuden renkaat ja avaimet käsissään,
ettei mitkään hetket ole menetettyjä. Ne ovat arkistoituja ajasta
ikuisuuteen.
Sinne minne pääsemme aina yhdessä henkäyksessä, ajatuksetto-
muuden taikaan.
Sinne missä kuulemme ja näemme rakkaamme puhtaimmassa
olemuksessaan.
Sellaisena, kirkkaana, jota tämä samentava todellisuus
ei aina anna mahdollisuutta ilmentää
Kuolema tekee kaikesta kaunista ja elämästä arvokasta.
Kuolema tulee kylään ja ottaa mukaansa kenet haluaa
kysymättä kulkulupaa.

Kuolema jättää surun
portiksi astua ikuisuuteen,
armon kautta.

M etsä on
tarpeeksi vahva
kannattelemaan
suurintakin heikkoutta.

E i ole hukattuja hetkiä.
On vain hetkiä, jolloin meillä oli voimaa
tarttua vahvemmin
ja hetkiä jolloin herkkyytemme
ei antanut periksi tarrata kiinni.

Pelkäsimme sen särkyvän
- tai itsemme.

Jotkut hetket vaativat meiltä uskallusta
kävellä ohi
sulaen syvemmälle itseemme,
jotta näkisimme entistä enemmän herkkyyttä
itsessämme
hetkien kautta.

K allio kertoo kulkijalleen;
Kävele askel askeleelta
lähemmäs todellista lujuuttasi.
Jalanpohjat tiiviisti maassa.
Sydämestäsi kurkota
kohti rajatonta myötätuntoa.

VAIHEILLA

Nämä on näitä päiviä
prosessien lopun ja alun välillä.

Uuden ajan alku,
käännekohta elämässä.

Kuin ravistelisi märkää
turkkiaan kuivaksi,
uuden sateen tulla.

O lemme harhan paratiisissa.
Tietyllä todellisuuden tihentymän tasolla
kaikki ilmenee symbolisena,
ja jokainen teko voi olla parempaa luova.

Tarvitsemme kärsivällisyyttä
antaa oman itsemme parhaimpaamme venyä.
Harhassa askel saattaa tuntua pitkältä,
erityisesti kun suunta vaikuttaa väärältä.

Rikkinäisenä emme voi täyttyä.
Astian voi täyttää vain ehjänä,
vesitiivistetysti.
Maailmankaikkeutta luodaan sisäsyntyisesti.

Olemme omia oppaitamme vaan.
On vaikea toisten hapertuneita purjeita
merenkäynnissä lähteä paikkaamaan.
Varsinkin kun annetut tarvikkeet
eivät ole käsinkosketeltavaa materiaa,
vaan ne jokaisen täytyy omasta sisimmästään ammentaa.

Ajatus on energiaa,
vahvempaa kuin uskommekaan.
Ajatellaan täyttä elämänmaljaa,
– ikiaikaisesta graalinmaljan legendasta puhutaan,
se saattaa olla lähempänä kuin luulemmekaan.

Sielustamme kenties
voimme uskonlahjan avulla
sen paljastaa.
Sen olinpaikkaa ei voi sanoilla toiselle ilmaista.
Se täytyy jokaisen itse oivaltaa,
vasta silloin sen voi Itse kokea.

Y listän jokaisen ihmisen sydämen nurkassa
asuvaa herkintä,
ehkä unohdettua,
hyvinkin väärinymmärrettyä Rakkautta.

Vaikka vielä kovin pientä helmeä,
mutta katso kuinka sen pinta on puhdas.

RUKOUS

V oimaa minulle unista,
voimaa heräämisistä.

Maasta jalkojen kulkea,
pilvistä pään kurkotella.

Voimaa selkärangan suoruuteen.

lumi lepo kylmyys hohde

valkeus käpertyminen jää

hiljentyminen transformaatio

jäätyminen kirkkaus hiljaisuus

huurre tähtitaivas uinuminen

oleminen syvällisyys yksinolo

reflektio pysähtyminen talviuni

kelluminen uni viisaus odotus

horros mystisyys kuura viileys

lumihiutaleet tunnelmallisuus

tyhjyys pakkanen nukahtaminen

palautuminen routa revontulet

lumen narske kynttilät sininen

tunnelmointi hangen kimallus

Kyyneleideni helmet
piirtävät
valokaaret
kuuhun

minun
kävellä tunteiden siltaa

perille

naiseuteeni

kuun luvalla.

Lukemattomien suljettujen silmien takaa
löydät oven surusi luo.

Astut sisään huoneeseen.

Kultaisen kylpyammeen reunalle
on aseteltu pyyhe valmiiksi.

Kuivaat siihen ihosi
kyyreleiden kylvyssä itsesi
puhdistettuasi.

Kirkastettuasi olemuksesi,
uusia tähtiä syttyy taivaalle
yksi kerrallaan,
kun suljetut silmät avautuvat.

S uurimmat pelkoni
  ovat
parhaat opettajani.

K aiken menetettyäni,
kiitän polvillani.

Kiitos.

Veit
turhuuden pois

tieltä
täyttymykseni.

KARTTAMERKIT NOLLATILAAN

O len näillä matkoilla
aina löytämässä
suurempaa mahdollisuutta
sovintoon itseni kanssa.

Kuljen katuja,
tapaan ihmisiä.

Tosiasiassa

löydän reittejä itseeni
hyväksyen kaikki olemuspuoleni.

Lopulta ei ole olennaista liike,
vaan
pysähtyneisyys.

Minussa asuu
minuttomuus,
kaikkeuden tyhjyys
muodottomuus.

Tästä me kaikki rakennamme
olemassaolomme,
ankkuroimme itsemme
tyhjyydestä tilaan.

Värein muodoin rakentein
kiinnitämme sanamme
olevaan,

olemattomaan.

S uurin tragedia elämässä on
  vaalia kipujamme rakkauden sijaan.

JÄÄTYMÄTTÄ VIRTAAVA

Katsoessani karikoiden takaa, uskon,
– vaikeudet ovat vain aallonmurtajia,
minut isomman katastrofin tieltä pelastaa.
Vedenjakajana,
levittää päälleni hyökyaalto hentoina pisaroina.

Oman elämäni edessä
pelastettuna,
mennä syvemmälle itseeni,
polttamaan haavani kiinni.

Nähdä toiveikkuuteni elämässä kiinni pitävänä voimana,
onneen takertumatta.

Se leijuu ikuisesti ympärilläni.

Antautuen
pääsen helisevään elämänvirtaan
jäätyneiden reunojen varrelta.

Sulaan aikaan,
auringonpaisteessa,
kultainen vesi kuljettaa,
ammentamaani kokemusta vieden mukanaan.
Levittäen toivoa.

Y össäni
  näen kirkkaimman tähteni.
Nimesin sen Toivoksi.

Joku sanoo omansa kadottaneen
sysimustaan yöhön.

Tähtien kirkkaus saattaa himmetä
keinotekoisen valon hämätessä.

Silmät ei totu pimeään hetkessä.
Joskus vaatii aikaa hapuilla,
huutaa avuksi,
omaa tähteään lähemmäs
kirkastamaan tietä.

Tähdet eivät tottele käskyjä
siis hetki vielä odota.

Se olet sinä kenen on terästettävä näkökykynsä.

KAIKKIEN HUULILLA
MAAILMANTUSKA

Öljy värittää vesilammikot
juokseviksi sateenkaariksi.

Siitäkö ihmisen on tarkoitus muistaa
omat värinsä?

Äitimaa huutaa tuskaa.

Kohtu revitty auki
ilman puudutusta.

Luonto on varoittanut.

Katsomme uutisista
ihmislapsen hätää.

Silmä silmästä.

Entä jos se olisikin
sydän sydämestä?

KOSMINEN TIKARINHEITTÄJÄ

S eisoin puiston pimeimmässä kohdassa.
Tapasin kosmisen tikarinheittäjän
- Narrin veljen,
jonka kuvioon kuuluu tuskan illuusiolla leikkiminen.

Hän asuu indigon sinisenä hehkuvan taivaan osan ja
stratosfäärin väliin jäävällä alueella.

Kosminen kuurupiilo pitää hänet työllistettynä.
Ihmiset alitajuisen vaiston osalla
väistävät,
kriittisellä hetkellä,
tikarin ollessa lävistämässä
ja se pitää leikin elävänä,
illuusion keinoin uskottavaksi rakennetun vahvan näytelmän.

Kosminen tikarinheittäjä
käveli kohti ja tuli seisomaan minua vastapäätä.

Katsoin syvälle hänen silmiinsä.
Jokerin hymyyn vääntynyt suunsa ilmehti
tähtien takaista kokemusta,
jota ei voi pukea maallisiksi sanoiksi.
Ymmärsin hänen olemuksen luonteensa,
jonka tehtävä oli värittää maailmankaikkeuden kirjavaa leikkiä.

Minä en enää esittänyt
pelon vastakohtaista naamiota,
vaan paljastin ihoni.

Näytin heikoimmat kohtani.
"Saat iskeä juuri niin syvälle
kuin tehtävääsi kuuluu."

Hänen ilmeensä kasvoilta katosi.

Kosminen piirileikki ympärilläni sai uuden muodon.
Ympärillä särkyi todellisuuksien seinät helisten.

Minussa parani haava, joka oli aijemmin auki tikarille,
jota suojellessani teetin työtä Narrin veljelle.

Mitä haastetta on haavoittaa
sitä joka haavoittuneimmat kohtansa paljastaa?

Tikarinheittäjän ilmeettömyyden takaa
aloin nähdä uuteen maailmaan.
Kuinka helppoa onkaan haavansa parantaa
ne itselleen paljastamalla.

Muu on harhaa.

Tikarinheittäjä katosi todellisuudestani pois
toiseen maailmaan.

KOKONAINEN

T unteet lyövät minuun
kuin aallot murtajaan.
En murru alla paineen
vaikka suru musertaa.

Kestän tunteiden illuusion voimakkaan.
Päästän läpi itkun parantavan.

Keho muistaa
lyönnit,
huudot,
jotka mieli unohtaa.

Vapautan itseni kokonaan
kipujanikin rakastamaan.

MAAILMOJEN SIELUISTA

R unous,
unennäön sukulainen.

Monien todellisuuksien joukossa
oma suuri kokonaisuutensa.

Ilman näitä kykyjä;
runouden ja unennäön,

miten rakentuisivat
muut todellisuudet?

ELÄMÄNKEHÄ

U nimaailman utuiset fantasiavedoin
piirretyt ääriviivat
elämäni ympärillä
luovat ennakkonäytöksiä arkipäiviini,

jotka
taikakynällä kosketetuin vedoin
muodostavat maagisen
sarastuksen unien taas tulla.

R ikkirevitty ymmärtää
anteeksiannon siunauksen.
Armon lahjana
lohtuna kipujen keskellä.

MINUN IKÄVÄNI

S ille ei ole enää nimeä.
Se ei tee itsestään numeroa.
Se on hiljainen sivustakatsoja
jonka äänihuulet on viety.

Ikävä on vahva
kuin ennenkin,
mutten kärsi siitä enää.

Olen antanut itselleni anteeksi kaiken,
josta sisäinen tuomarini minua ennen syytti.
Kärsimyksen olemassaololle ei ole enää aihetta minussa.

Hiljaisena todistajana kaipuulleen
elää oman ikävänsä portinvartija.

Mihin tarvitsen voimia,
kovia käsiä,
puheen yltäkylläisyyttä?
Mihin tarvitsen pakkoa
kun ainoa mikä minut vie perille
on antautuminen tälle hetkelle?

Mihin tarvitsen uhmakkuutta,
kun suurinta rohkeutta
on rohkeus näyttää heikkoutta.

Hiljaisuus synnyttää tietoa.

VALKOISTA

V alkoinen hetki,
täyttyä
valolla.

Valkoinen

syvällä minussa
kaipaa

kauttasi
puhdistua.

Lumenvalkea
kimaltaa,
tunnistan kauneuden.

Se on toivoa.

T alvi heittää hohteensa hangelle.
Kuu on sen aistikaima.

Minä tunnen ne molemmat,
vaikka sielussani en palele.

T aivas tekee runoudella tietä
ihmisessä itsessään
avata raskasta porttia,

kulkea
ovista, jotka avataan.

Ihminen tekee itse Itselleen runoudella tietä,
jotta voisi mahtua niistä porteista
kulkemaan kumartumatta.

SAMAA

R akkaus ihmiseen on pohjimmiltaan
täysin samaa
kuin rakkaus Jumalaan.

Rakkaus on aina kaipausta Jumalan syliin
– kokemukseen ykseydestä.

Halu irrota
erillisyyden harhan vallasta.

Rakkaus on aina sama,

– projektio eri.

KIVUN ALKEMIA

K atson sinua
silmiin.
Sydämen kautta
näen arpiesi läpi
hellät tunteesi.

Tietenkin niitä täytyy suojella,
niitä kipeitä kohtia.
Miksi sitä hävetä?

Ei kukaan pidä kivusta,
paitsi minämme menneisyydestä,
luodessaan sen
tähän hetkeen parannettavaksi
myötätunnon ja voiman alkemiaksi.

KOHTI PERILLE

K uulen tuulen hengen viestin
seisoessani jyrkänteellä
lepotauollani matkalla ylöspäin
pitkin omaa polkuani.

Viipyillen,
hengitellen ihollani
se kuiskaa:

"Tämä on korkein vuori
ja nyt on aika uskaltaa."

Kun sydän on yksinäinen
Kaipaa pelkkää kaipuutaan.

Sanon itselleni:
ei ole kiire.

Silti en malta,
vaikka suuntaakaan en tiedä.

Muistaisi välillä katsoa ylöspäin!

Avaruuden äärettömyys.

Tilaa pienille ihmeille.

K aikilla meillä on ristimme.
Minä poltin omani,
kevyempi kulkea.

USKON

M eillä on niin paljon laajuutta
toistemme rakkaudelle,
kuin olemme peloiltamme valmiit
tilaa raivaamaan.

ELÄMÄ ON RUKOUS

E lämä opeta minulle se
mikä on olennaista.
Vain sinä, Elämäni,
voit tietää sen
mitä minä tarvitsen.

Onko se jotakin
yleissivistyksen lieasta
jota roikottaa perässä
ja esitellä kuin hyvin käyttäytyviä kakaroita.

Vai annatko eteeni ne asiat
joiden edessä voin painaa pääni alas,
jotta voin antaa maan täyttää olemukseni
tiedolla joka ei katoa kun muutun
takaisin tomuksi.

Laita sanani kiertoon
kuin ikuinen hengitys
ja anna hengen loistaa valolla
sanojeni kautta myös tulevassa.

Elämä, olet iso mies
ja sinulla on pehmeät siivet.
Niiden huomaan saan joka yö
lämpimään laskeutua.

Elämä, en tiedä onko sinulla koskaan nälkä,
mutta aina olet minut ruokkinut.

Ravitsen itseni kauttasi

hengittämällä,
näkemällä,
itkemällä.

Teet siinä leivän eteeni.

Kaikki tämä antamaasi ravintoa.
Jaat siitä joka ikiselle.

Et välitä kenelle antimesi kelpaavat,
tai kuinka antamasi mahdollisuudet käytetään
ravinnoksi.

Sinä jakelet kaikkeutta notkuvassa pöydässäsi
päivittäin,
säästelemättä,
etkä mieti mitä antamasi lahjat kasvavat arvossa.

Se on suurin viisautesi:
Ymmärrät, että mikään ei katoa
ja se juuri tekee sinusta niin suuren,
Elämä.